MY MOM IS
awesome

ЯКА ЧУДОВА
моя мама

Shelley Admont

Illustrated by
Amy Foster

www.kidkiddos.com

support@kidkiddos.com

First edition, 2019

Translated from English by Veronika Yadukha
Переклад з англійської: Вероніка Ядуха
Ukrainian editing by Marina Boot
Редагування українською мовою Марини Бут

Library and Archives Canada Cataloguing in Publication
My mom is awesome (Ukrainian Bilingual Edition)/ Shelley Admont
ISBN: 978-1-5259-1105-7 paperback
ISBN: 978-1-5259-1106-4 hardcover
ISBN: 978-1-5259-1104-0 eBook

Please note that the Ukrainian and English versions of the story have been written to be as close as possible. However, in some cases they differ in order to accommodate nuances and fluidity of each language.

KidKiddos Books

For my awesome kids

Моїм чудовим дітям

Hi, it's me, Liz.

Привіт, це я, Ліза.

Did you know my Mom is awesome?

А ви знаєте, що моя мама чудова?

Well, she is! She is smart and funny, strong and patient, kind and beautiful — she's amazing!

Це справді так. Вона розумна і весела, сильна і спокійна, добра та красива— вона надзвичайна.

"Good morning, sunshine! It's time to rise!" I hear a soft whisper in my ear.

— Добрий ранок, сонечко! Час прокидатись, — чую ніжне шепотіння на вушко.

That's my mom, waking me up.

Це моя мама будить мене.

She gives me a million gentle kisses and hugs me tight, but I still cannot open my sleepy eyes.

Вона ніжно цілує мене мільйон разів та міцно обіймає, але я ніяк не можу розплющити мої сонні очі.

"Mommy, I want to sleep," I mutter quietly. "Just for one more minute, please."

— Мамусю, я хочу спати, — тихо буркочу я. — Ще хоч хвильку, будь ласка.

She kisses me more and more, but it doesn't help.

Вона знову і знову мене цілує, та це не допомагає.

So she gives me a piggyback ride to the bathroom. She is so strong, my mom.

Тоді вона саджає мене на спину і несе мене у ванну. Вона така сильна, моя мама.

She keeps kissing and tickling me until I start laughing hard.

Вона все цілує та лоскоче мене доки я не починаю заливатися сміхом.

Opening one eye, I look at her.

Я розплющую одне око і дивлюся на неї.

"Is that a new dress? You look so pretty!" I exclaim and wake up right away.

— У тебе нова сукня? Маєш такий гарний вигляд! — вигукую я і вже зовсім прокидаюсь.

Mom smiles. She is really beautiful. I like her dresses, her shoes, and how she does her hair.

Мама посміхається. Вона справді дуже красива. Мені подобаються її сукні, туфлі, а ще її зачіска.

"Can you *make me* something fancy today?" I ask, a glimmer of hope in my eyes. "The braid we saw yesterday on the TV show, can you do something like that?"

— Заплетеш мені сьогодні волосся якось гарненько? — запитую я з промінчиком надії в очах.
— Пам'ятаєш, вчора в телевізійному шоу ми бачили косички, можеш зробити щось подібне?

I know that she can do anything. My mom is awesome.

Я знаю, що вона може зробити що завгодно. Моя мама пречудова.

Even if she doesn't know how to do something at first, she continues to try until she succeeds. She never gives up.

Навіть якщо спочатку вона не знає як щось робити, вона продовжує спроби, доки у неї не вийде. Вона ніколи не здається.

"Piece of cake!" she replies. "Come here!"

— Цукерочко! — каже вона. — Ходи сюди!

My Mom twirls and weaves my hair until it's a beautiful braid running behind my head.

Мама крутить та переплітає моє волосся, і тепер гарна коса обвиває мою голову.

I'm so thrilled to go to class with my new hair. I can already imagine my friends' reactions. I'm sure Amy will love it.

Я так хвилююся як йтиму до школи з новою зачіскою. Можу вже уявити реакцію моїх друзів. Я впевнена, що Емі буде у захваті.

"Your hairstyle is so cool! I saw the same one on TV yesterday!" Amy jumps with excitement. "Who made it?"

— У тебе така крута зачіска! Я бачила таку ж вчора по телевізору! — підстрибує Емі від радощів. — Хто тебе заплітав?

"My mom!" I say proudly.

— Моя мама, — кажу пишаючись.

As Amy starts exploring my hairstyle closely, more and more girls join her.

Поки Емі роздивляється мою зачіску ближче, все більше і більше дівчат підходять подивитись.

"It's a reversed braid!" Amy announces, after a couple of minutes. "With a twist!"

— Це перевернута коса! — проголошує Емі за кілька хвилин. — З обертом!

I hear other voices. "It's so cool!" "It looks complicated!" "It probably took a lot of time!"

Я чую інші голоси. «Дуже круто!» «Виглядає досить складно». «Напевно, довго її плести!»

Finally Amy asks, "Can you ask your mom to teach my mom to make this braid?"

Згодом Емі питає: «А ти можеш запитати свою маму, чи навчить вона мою маму плести таку косичку?»

"Sure! She..." I start to say, but the bell interrupts me and Mr. Z enters the class.

— Звісно! Вона...— Я почала казати, але дзвінок мене перебив і до класу зайшов містер З.

Usually I love math, but today it's just terrible.

Зазвичай математика мені подобається, але сьогодні це щось жахливе.

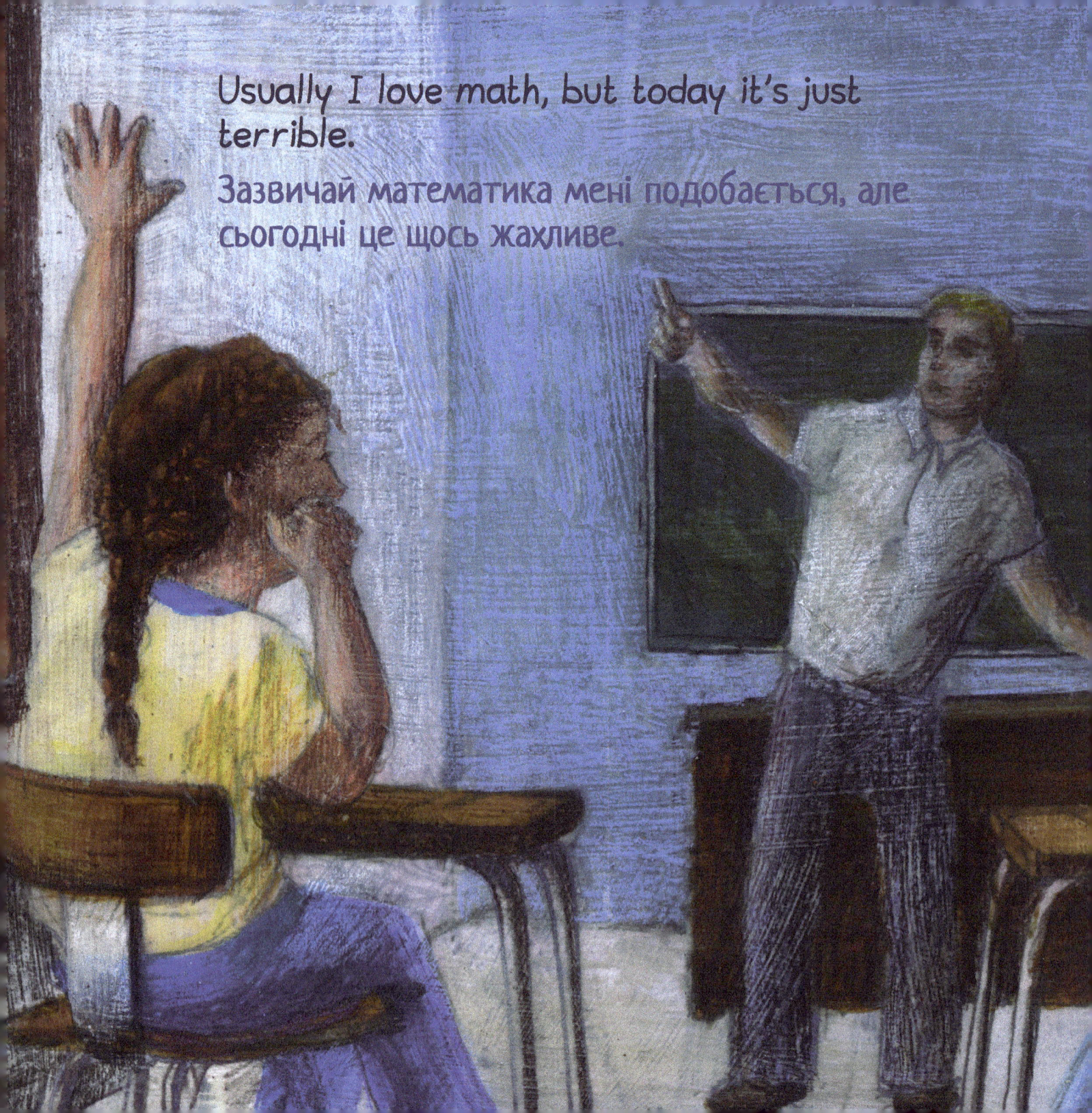

"We are going to learn about fractions," says Mr. Z, while filling the board with strange drawings.

— Ми будемо вчити дроби, — каже містер З і заповнює дошку дивними кресленнями.

Why is it so complicated? Halves, thirds and fourths ... my head is going to explode.

Чому це так складно? Половина, третина та чверть... голова скоро вибухне.

I don't give up though; I ask questions, exactly like my mom would do.

Та я не опускаю рук, запитую, точно як зробила б моя мама.

Mr. Z explains one more time and after, he shows us a fun video about fractions.

Містер З. пояснює ще раз, а потім показує нам смішне відео про дроби.

"Next, we'll play a game," he announces. "We'll find fractions in our classroom."

— Далі ми гратимемо в гру, — оголошує він. — Будемо шукати дроби в нашому класі.

Fractions can actually
be really fun.

Дроби насправді можуть
бути веселими.

$$\frac{1}{4} = \frac{2}{8}$$

$$2\frac{1}{2} = \frac{5}{2}$$

But my favorite part of this class is when Mr. Z gives us small colorful jellybeans. We divide them by color.

Та моя улюблена частина цього уроку, коли містер З роздав нам маленькі різнокольорові драже, а ми ділили їх за кольором.

I think I understand fractions much better now, but I still don't feel comfortable with all these strange numbers.

Думаю, що тепер я розумію дроби значно краще, та я досі не дуже впевнена у всіх тих дивних цифрах.

At recess Amy and I run to our favorite place to play. The monkey bars! I love to climb up and hang upside-down.

На перерві ми з Емі біжимо до нашого улюбленого місця для ігор —дитячого турніка. Мені подобається залазити на нього та висіти головою донизу.

But today on my way to the monkey bars, somehow my jeans get caught in a bush and tear right on my knee.

Та сьогодні, поки я бігла до турніка, якось мої джинси зачепитися за кущ та порвалися прямо на коліні.

I almost burst into tears. "These are my favorite pair of jeans. Look, the tear is huge."

Я майже розплакалася. «Це ж мої улюблені джинси. Дивись, яка величезна дірка».

I'm so upset. I feel like crying but I try very hard not to.

Я така засмучена. Відчуваю, що от-от заплачу, але дуже намагаюсь себе стримати.

I just want my mom to be here now and say to me, as always, "Everything will be okay, sweetie. You'll see."

Я лише хочу, щоб моя мама була зараз зі мною і сказала, як завжди: «Все буде добре, солоденька. От побачиш».

Finally I'm home and Mom's back from work. She always understands what I feel.

Нарешті я вдома, а мама повернулася з роботи. Вона завжди розуміє що я відчуваю.

"How was your day, sweetie?" her voice full of care. She wraps me in her arms and continues asking questions until I share everything with her.

— Як пройшов твій день, солоденька? — запитує вона ласкавим голосом. Мама обіймає мене та розпитує, поки я їй все не розповім.

I spill to her all about fractions, the tear in my jeans and how frustrated I feel.

Я розповідаю все про дроби, дірку на джинсах та яка я розчарована.

Mom always finds a solution to any problem.

Мама завжди знає як вирішити будь-яку проблему.

"What shape do you want to cover your tear? Heart or star?" Of course I choose a large pink heart.

— Чим ти бажаєш закрити дірку? Сердечком чи зіркою? Звичайно, я обираю велике рожеве сердечко.

She sews a heart-shaped patch over the hole on my torn jeans, so no one will notice the hole underneath. How cool is that?

Вона нашиває латку у формі сердечка на порвані джинси і тепер ніхто не помітить, що там була дірка.

"Oh, thank you, Mommy," I exclaim happily. "These jeans look so fancy now. Let's put another patch here!"

— О, дякую, матусю, — викрикую я від щастя. — Джинси тепер мають дуже стильний вигляд. Нумо ще одну латку нашиємо!

We work together and design my new cool outfit.

Ми разом створюємо мій новий крутий образ.

We sew two smaller heart patches on my jeans and one larger heart on my T-shirt.

Ми нашили два менших сердечка на джинси та одне більше сердечко на мою футболку.

"Look, now you have new jeans and a matching T-shirt," she says.

— Поглянь, тепер у тебе нові джинси та футболка, що до них пасує, — каже мама.

"Mom, you're my hero!" I announce, hugging her tight. We both start laughing loudly.

— Мамо, ти моя героїня! — промовляю я та міцно її обіймаю. Ми разом починаємо голосно сміятися.

Then she pulls me into the kitchen. "It's a time for something sweet. Let's make cupcakes. But we need to use fractions in order for this to work."

Потім вона заводить мене до кухні.

— Саме час для чогось солодкого. Давай робити кекси. Але для цього нам знадобляться дроби.

"Don't be afraid," Mom says softly. "We'll make it together."

— Не переймайся, — каже мама лагідно.
— Зробимо це разом.

I take a deep breath and open Mom's big cooking book.

Я глибоко вдихаю та відкриваю мамину кулінарну книжку.

"For five cupcakes you'll need a quarter cup of flour," I read.

— На п'ять кексів потрібно взяти чверть чашки борошна, — читаю я.

"We'll make fifteen cupcakes, for Daddy also," Mom says, "so we need..."

— Будемо робити п'ятнадцять кексів, також для тата, — каже мама,— тож потрібно взяти....

"Three quarter cups of flour!" I exclaim happily. "It's easy!"

— Три чверті чашки борошна! — викрикую я з радістю. — Це легко.

When the evening comes, Mom tucks me in my bed, covers me with my butterfly blanket and says, "I love you, pumpkin."

Ввечері мама вкладає мене у ліжко, накриває моєю ковдрою у вигляді метелика та говорить: «Я тебе люблю, гарбузику».

"I love you, Mommy," I whisper with a big yawn fluttering my eyes shut. As I think about the wonderful day we had, I fall asleep.

— Я люблю тебе, матусю, — шепочу я та позіхаю, мої очі закриваються. Я думаю про те, який був чудовий день і засинаю.

I wake up in the morning, because I feel warm kisses on my face and hear a gentle voice: "Good morning, sweetie. It's time to rise and shine."

Я прокидаюсь вранці, бо відчуваю теплі поцілунки на своєму обличчі та ніжний голос: «Добрий ранок, солоденька. Час прокидатися та посміхатися».

My eyes are still closed but I feel her near me. She strokes my hair and it feels wonderful.

Я ще не відкрила очей, але відчуваю що вона біля мене. Вона пестить моє волосся і це дуже приємно.

I love my mom. She's awesome. When I grow up, I want to be exactly like her!

Я люблю свою маму. Вона така чудова. Коли я виросту, то хочу бути точнісінько як вона!

And guess what? Your mom is awesome too. Make sure to give her a hug to let her know how amazing she is!

А ще, знаєш що? Твоя мама також чудова. Обов'язково обійми її, щоб вона знала, яка ж вона прекрасна!

CPSIA information can be obtained
at www.ICGtesting.com
Printed in the USA
LVHW071748170322
713720LV00009B/312

9 781525 911057